Le petit

Jean-Pierre Saintaurens est né en Algérie en 1950. Après des études de droit à Aix-en-Provence, il exerce différents métiers – de gardien de nuit à éducateur – puis il se consacre à l'écriture. Il est l'auteur de plusieurs scénarios pour la télévision. S'il vit une partie de l'année à Paris, il est resté fidèle au Midi de la France, où il pratique son sport favori : la randonnée pédestre.

Jean Claverie est né à Beaune en 1946. Formé à l'École des Arts décoratifs de Genève, il partage ses activités entre l'enseignement et l'illustration de livres pour la jeunesse. Publiés chez Gallimard, Albin Michel et Bayard Éditions, ses travaux lui ont valu plusieurs prix et récompenses, dont le prix graphique Loisirs jeunes en 1981.

Du même illustrateur dans Bayard Poche :
Les peurs de Petit-Jean - Les boutons de Bérangère
(Les belles histoires)
Le mot interdit - Le pêcheur d'oiseaux (J'aime lire)

Bayard Éditions est une marque
du département Livre de Bayard Presse

ISBN 2.227 727 30.6

Le petit frère imaginaire

Une histoire écrite par Jean-Pierre Saintaurens
illustrée par Jean Claverie

Deuxième édition

BAYARD ÉDITIONS

Pas de petit frère

– Hé ! Daniel, attends-moi !

Daniel se retourne : c'est Céline qui l'appelle, mais il fait semblant de ne pas la voir. À l'école, elle est assise à côté de lui et elle n'arrête pas de lui parler de son petit frère Cédric. Daniel en a par-dessus la tête.

Il entend Céline courir derrière lui. Brusquement, elle lui attrape le bras.

– Alors, tu es sourd ?

– Euh... Non. Tu sais, je suis pressé.

– Moi aussi, je suis pressée. Je dois surveiller Cédric pendant que Maman fait la cuisine. Tu sais, il est terrible...

Et ça recommence. Cédric par-ci et Cédric par-là, elle ne peut pas s'arrêter.

Daniel aussi aimerait bien avoir un petit frère. Ce n'est pas drôle d'être fils unique et de n'avoir personne à la maison pour jouer.

Sa maman lui avait dit une fois, il y a longtemps, qu'il aurait un petit frère. Puis, un jour, elle est tombée malade et est allée à l'hôpital.

Elle est revenue avec les yeux rouges parce qu'elle avait beaucoup pleuré. Et il n'y avait pas eu de petit frère.

Daniel sent une boule dans sa gorge.
– Alors, tu m'écoutes ou quoi ? dit Céline en lui pinçant le bras.
– Oui, oui. Je t'écoute.
– C'est vrai que tu ne peux pas comprendre parce que tu es tout seul, toi.

Daniel est sûr que Céline a fait exprès de dire ça pour lui faire de la peine. Il la déteste quand elle prend son air de petite dame.

– Pourquoi tu dis ça ? Moi aussi, j'ai un petit frère.

Céline le regarde avec des yeux ronds de surprise.

– Ce n'est pas vrai.
– Si, c'est vrai.
– Et comment il s'appelle d'abord ?
Daniel se mord la lèvre. Pour gagner du temps, il renoue le lacet de sa chaussure.
– Alors, comment il s'appelle,
ton petit frère ?
s'impatiente Céline.
– Il s'appelle... euh... Thomas.
– Tu mens ! Tu me l'aurais déjà dit.

– Tu n'arrêtes pas de parler, on ne peut jamais placer un mot avec toi.
– Tu peux me le montrer, ce Thomas ?
– Il est un peu malade... Mais je te le montrerai un jour. Et puis tu m'embêtes, il faut que je rentre.

Daniel part en courant. Dans sa tête, il y a un grand désordre. D'abord, c'est vrai qu'il a un petit frère. Il n'y a que lui qui le sait... lui et le kangourou. Mais il ne peut pas parler à Céline du kangourou, ni à personne d'ailleurs. Personne ne comprendrait.

Un ami secret

Le kangourou est arrivé il y a trois mois environ. Ce jour-là, Maman était allée encore une fois chez le docteur. Il faisait gris dehors et Daniel était seul dans sa chambre. Il regardait tristement les jouets éparpillés sur son lit. Il n'avait plus envie de rien, sauf d'un petit frère. Il s'appellerait Thomas, et Daniel partagerait tout avec lui. Il lui montrerait même sa boîte à secrets.

C'était trop dur d'être seul. Il y avait bien les copains, mais un petit frère, ce n'est pas la même chose.

De rage, Daniel avait pris une petite voiture et il l'avait jetée par terre. C'est alors qu'il avait entendu : « Chuut ! Ne fais pas tant de bruit, tu vas réveiller Thomas. »

Daniel s'était retourné vivement vers la porte. Un kangourou venait d'entrer, un kangourou tout roux. Il était assis sur ses grandes pattes de derrière et il se grattait l'oreille avec une de ses petites pattes de devant.

– Où il est, Thomas ?
avait demandé Daniel.
– Il est dans la poche
que j'ai sur le ventre. Il dort.
– Je peux le voir ?
– Non. Il est encore trop petit.
Il faut le laisser grandir
bien au chaud dans ma poche.

C'est ainsi que le kangourou est devenu l'ami secret de Daniel. Lui seul peut le voir, et ils ne se quittent plus. Maintenant, Daniel est si pressé de le retrouver qu'il monte les escaliers quatre à quatre et arrive chez lui tout essoufflé, mais Maman lui dit :
– Prends vite ton goûter,
et puis va me faire
ces commissions.

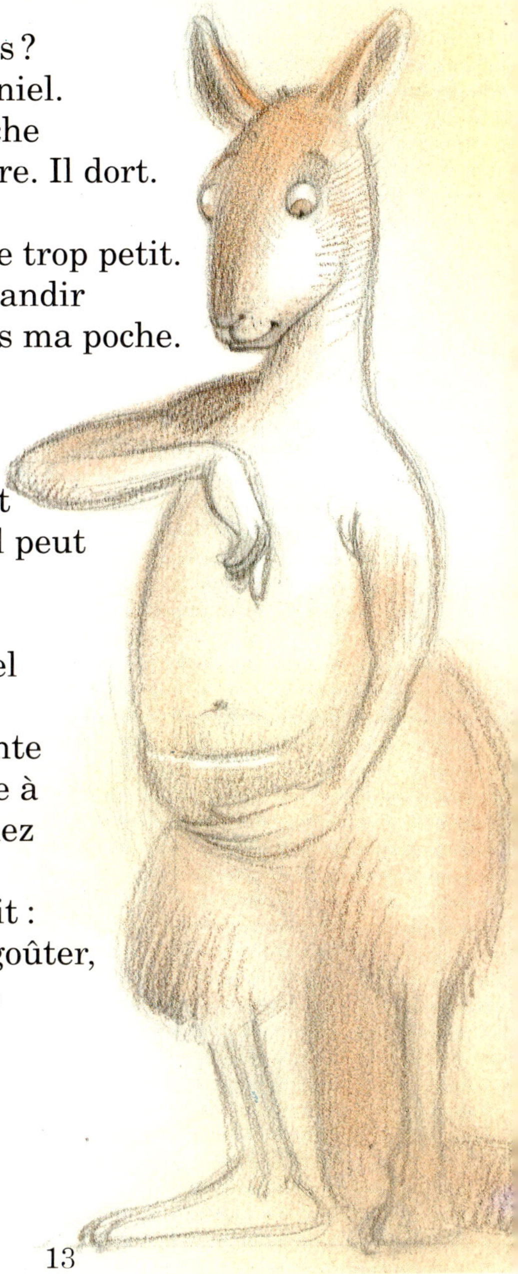

Daniel et son kangourou partent au supermarché. Quel plaisir de faire les courses ensemble! Le kangourou raconte à Daniel que Thomas a été très sage toute la journée. Il a très bien dormi. Il a un peu pleurniché quand il s'est réveillé, parce qu'un moustique s'était glissé dans la poche et lui avait piqué le nez.

Daniel achète tout ce que sa mère a écrit

sur la liste. Mais au moment de partir, le kangourou l'entraîne vers le rayon des jouets.

– Tu devrais acheter un jouet pour Thomas.

– Qu'est-ce qui lui ferait plaisir ?

– Attends. Regarde ce petit ours en peluche.

– Non, c'est trop cher. Maman va me gronder.

– Oh, essaie quand même.

Daniel achète le petit ours. Il est un peu inquiet en rentrant à la maison. Il pose le sac à provisions et il rend la monnaie à Maman, mais comme il ne reste plus que quelques pièces, Maman s'étonne :

– Eh bien, dis donc, Daniel, tu as dû faire provision de bonbons pour au moins un an !

– Non. J'ai acheté ça.

Daniel lui montre le petit ours. Maman ouvre de grands yeux :
– Mais tu n'es plus un bébé !
– C'est pas pour moi. C'est pour le petit f...

Le kangourou a eu juste le temps de poser une patte sur la bouche de Daniel. Daniel baisse la tête et devient tout rouge. Alors Maman s'approche de lui :
– Tu as très bien fait, dit-elle.

Et elle lui fait une grosse bise.

Un sacré problème

Aujourd'hui, Daniel décide de faire du patin à roulettes au square. Le kangourou l'accompagne : il s'est mis une longue écharpe autour du cou, car il commence à faire froid. Il fait de grands bonds, et Daniel s'inquiète :
– Tu sais, kangourou, tu devrais mettre une fermeture Éclair à ta poche.
– Quelle drôle d'idée ! Et pourquoi ?
– Parce que si tu sautes trop haut, Thomas risque de tomber.
– Ne t'inquiète pas, il est bien accroché !
Daniel est rassuré, et ils repartent.

Ils font la course. Le kangourou est le plus rapide, Daniel lui crie :
– Attends-moi, tu vas trop vite !
Il tourne autour d'un arbre et... il tombe nez à nez avec Céline et son petit frère Cédric. Quelle poisse !
Céline se plante devant Daniel, les mains sur les hanches. Elle lui demande :
– Qu'est-ce qui t'arrive ? Tu parles tout seul, maintenant ?
– Je ne parlais pas. Je chantais.

Le kangourou revient à côté de Daniel. Sa queue tape par terre, car il commence à s'énerver.

Céline pince les lèvres et dit :

– Comme tu vois, je promène mon petit frère. Lui, au moins, il n'est pas malade.

Daniel ne répond pas, mais il pense : « Quelle idiote ! » Céline continue avec son air de dame :

– Et ton petit frère à toi, il n'est pas encore guéri ?

Daniel regarde son kangourou qui s'est placé juste derrière Céline, comme s'il était son ombre. Il fait exactement les mêmes gestes qu'elle. Soudain, son museau remue et il avance une patte pour tirer les cheveux de Céline. Mais au dernier moment, il s'arrête et pousse un long soupir.

Céline secoue Daniel :

– Tu es muet ou quoi ? Je t'ai posé une question. Je commence à me demander si tu as vraiment un petit frère...

– Mais oui, je l'amènerai demain. Tu verras bien que je ne suis pas un menteur.

Daniel rentre chez lui à toute allure. Il est triste, et quand l'heure du dîner arrive, il mange sans dire un mot. Même la tarte aux poires qu'il aime tant n'a plus de goût.

Papa et Maman discutent à voix basse. Ils ont l'air soucieux. Daniel entend :

– D'après le docteur, tout est normal, dit Maman. Mais il est encore trop tôt pour être sûr.

– C'est quand tes prochains examens ?

– Dans quinze jours. Encore un peu de patience !

Après le dîner, Daniel va se coucher. Le kangourou s'assoit au pied de son lit. Il tousse et il se mouche dans un grand mouchoir à carreaux.

– J'ai dû attraper froid, dit-il.

– Il faut que tu te soignes, sinon le petit frère va être malade aussi.

– Ne t'en fais pas... Atchouuum... Il va très bien. D'ailleurs, il grossit. Regarde !

Daniel regarde la poche du kangourou. C'est vrai, on voit une petite bosse.

– Mais s'il grossit trop, il ne pourra plus sortir !

– Je saurai le tirer de là au bon moment.

Daniel replie ses genoux et se fait tout petit dans son lit. Au moment de s'endormir, il se souvient qu'il a promis à Céline de lui montrer Thomas. Il faut qu'il trouve une idée, sinon elle va raconter partout qu'il est un menteur. « Si elle fait ça, pense Daniel, je m'enferme dans ma chambre et je ne sors plus pendant au moins mille ans. »

CROSS

Un bébé de secours

Le lendemain, c'est mercredi. Daniel ne perd pas de temps à rêvasser dans son lit, car il vient d'avoir une idée. Il va au square rejoindre Kamel. C'est son copain, et même son meilleur ami. Il le trouve en train de faire du vélo.

Céline est là aussi ; elle n'a pas vu Daniel. Daniel se cache derrière un arbre et il attend que Kamel passe devant lui.

– Hep ! Kamel ! Viens voir. Vite !

– Qu'est-ce qui se passe ?

– Tu ne pourrais pas me prêter un petit frère ?

– Oh, je peux même t'en prêter deux !

– Non. Un seul, ça ira. Un petit, qui ne parle pas. Dépêche-toi.

Kamel enfourche son vélo et fonce chez lui. Dix minutes plus tard, il revient avec, dans les bras, un bébé enveloppé dans une couverture de toutes les couleurs.

– Tiens. Il s'appelle Abdel. Mais qu'est-ce que tu vas en faire ?
– T'en fais pas, continue à faire du vélo, je te le rends dans pas longtemps.

Daniel serre Abdel dans ses bras. Ça lui fait drôle de tenir un bébé contre lui. Il avance à tout petits pas vers Céline.
– Bonjour, Céline. Je t'ai amené Thomas.

Céline jette un coup d'œil sur Abdel qui suce son pouce tranquillement.

– C'est curieux, dit-elle. Ton petit frère a les cheveux noirs et frisés, et les tiens sont blonds et raides. Et puis, il a les yeux marron, et les tiens sont bleus.
– Eh oui. C'est comme ça. Ça arrive.

Céline est tellement vexée qu'elle s'en va sans dire un mot. Daniel est content de lui, et il va rejoindre Kamel. Il aimerait bien garder Abdel encore un petit peu dans ses bras. Alors il est tout content quand Kamel lui dit : « Viens chez moi. Ma grand-mère a fait des gâteaux. »

Chez Kamel, il y a un grand tapis avec une table basse au milieu et des coussins autour. Daniel s'assoit avec les frères et la sœur de Kamel. La grand-mère pose sur la table un plat avec une pile de gâteaux dégoulinants de miel. Elle sert du thé à la menthe dans des petits verres dorés. Daniel a gardé Abdel sur ses genoux.

La grand-mère lui demande :
– Tu as des frères et sœurs ?
– Non.

Elle hoche la tête et lui sourit. Daniel lui parle du kangourou, car il sait qu'elle peut comprendre. Au moment de partir, la grand-mère met des gâteaux dans un sac qu'elle tend à Daniel en disant :
– Tiens. Tu donneras ça à ta maman.

20.50

Un horrible cauchemar

Depuis deux semaines, tout va bien pour Daniel. Céline s'est calmée. Bien sûr, il y a Maman qui parle de ses examens chez le docteur, mais elle ne se fait pas trop de souci.

Le kangourou est très content de Thomas. Il dit que c'est un beau bébé qui grandit vite : d'ailleurs la poche est devenue bien ronde.

Ce soir, à la télévision, il y a un reportage sur l'Australie, le pays des kangourous. Daniel s'assoit sur les genoux de Maman pour le regarder.

Au début, c'est vraiment formidable. On voit dans le désert des troupeaux de kangourous qui sautent dans tous les sens au milieu des cactus géants. Il y a des centaines de kangourous, des petits, des grands, des femelles avec leur poche. Parfois, les bébés kangourous sortent leur tête de la poche de leur mère, comme s'ils se mettaient au balcon pour regarder un défilé d'autruches.

Soudain, des chasseurs arrivent avec leurs fusils. Ils commencent à tirer et à tuer des kangourous. Le présentateur dit qu'ils les vendent ensuite à des usines qui fabriquent

des boîtes de conserve pour les chats et les chiens. Daniel crie :

– Ils n’ont pas le droit de tuer les kangourous ! Ils n’ont pas le droit !

Il se met à pleurer. Il entoure le cou de sa maman et il se serre contre elle.

– Ils n’ont pas le droit ! Ils ne comprennent rien du tout !

Papa éteint la télévision. Il caresse les cheveux de Daniel en lui disant :

– Demain matin, je t’emmènerai au zoo voir des kangourous vivants.

Mais Daniel n'arrête pas de pleurer. Maman le porte dans sa chambre et lui raconte des histoires jusqu'à ce qu'il s'endorme. Cela n'empêche pas Daniel de faire un horrible cauchemar.

Il est perdu dans un désert, et il rencontre un kangourou géant avec des yeux rouges. Sa poche est pleine à craquer. Chaque fois qu'on entend un coup de fusil, le kangourou sort un animal effrayant de sa poche : un rat, un serpent... et même parfois des petits monstres qui s'enfuient dans tous les sens.

Puis le kangourou géant sort le petit frère. Et juste au moment où Daniel va le prendre, Céline arrive. Elle fourre le petit frère dans un grand sac et se sauve en riant méchamment.

Daniel se réveille subitement. Son cœur saute comme une bête folle. Heureusement, son kangourou est là. Il lui prend la main et lui chuchote à l'oreille :

– La chasse aux kangourous est interdite maintenant.
Il n'y a plus
de danger.

La grande nouvelle

Le lendemain matin, Daniel est soulagé d'entendre son kangourou lui annoncer que Thomas a passé une nuit excellente. Comme promis, Papa emmène Daniel au zoo. Le kangourou les accompagne. Papa a l'air tout drôle aujourd'hui. Il a la tête ailleurs.

Ils s'arrêtent devant les singes, mais le kangourou tire Daniel par la manche :

– Viens, allons voir mes cousins.

– Attends un peu, répond Daniel.

– Qu'est-ce que tu dis ? demande Papa.

– Rien, je parlais tout seul.

Le kangourou boude.

– Bon, bon, ça va, lui dit Daniel à voix basse. On y va.

Il demande à son père :

– Je peux aller voir les kangourous ?

– D'accord, je te rejoins.

Dès qu'il voit ses cousins, le kangourou saute par-dessus la barrière. Ils se lèchent tous le museau en applaudissant avec leurs pattes de devant. C'est ainsi que les kangourous se disent bonjour.

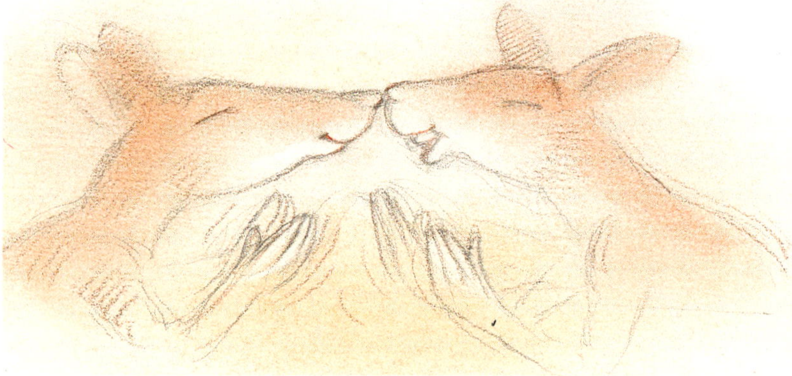

Daniel les entend discuter dans leur langue. Son kangourou montre sa poche :

– Vous avez vu mon beau bébé ?

– Qu'il est beau et qu'il est doux, répondent les autres en s'extasiant.

Sur le chemin du retour, Papa s'arrête devant un magasin pour bébés. Il regarde la vitrine et demande à Daniel :
– Qu'est-ce que tu penses de ce petit lit ?
– Il est beau, mais il est trop petit pour moi. Je ne suis plus un bébé.
– Oui, je sais bien, mais...

Quand ils rentrent à la maison, Maman vient en courant leur ouvrir la porte. Elle saute au cou de Papa :

– Tout va bien ! Le docteur m'a dit qu'il n'y avait aucun problème.

Papa est très heureux. Il n'arrête pas de répéter :

– Tout va bien. Tout va bien.

Maman prend Daniel dans ses bras.

– J'ai une grande nouvelle à t'annoncer. Tu vas avoir une petite sœur.

– Mais c’est un petit frère que je veux !
– Ce sera peut-être un petit frère.
– Je veux qu’il s’appelle Thomas.
Papa et Maman se regardent.
– Pourquoi pas ? C’est une bonne idée.
Daniel ajoute :
– Et si c’est une petite sœur, ce sera Tomate.

Daniel se précipite dans sa chambre pour annoncer la bonne nouvelle au kangourou. Il le trouve en train de préparer sa valise.

– Qu'est-ce que tu fais ? Tu t'en vas ?

– Oui, c'est le moment de partir.

– Mais Thomas va arriver.

– Justement. C'est ta maman qui va s'en occuper maintenant. Moi, j'ai assez travaillé. Je vais prendre des vacances et aller bronzer dans le désert.

– Tu ne peux pas rester encore un peu ?
– Non, non. Et puis, il y a peut-être d'autres enfants qui veulent un petit frère. Il faut que j'aille les voir.

Le kangourou met ses lunettes de soleil et son chapeau de paille. Il saute par la fenêtre. Daniel reste tout seul. Il est un peu triste, mais ça ne dure pas. Il faut qu'il réfléchisse à une chose importante : « Et si c'était une petite sœur ? » Ce ne serait pas si mal, finalement. Ce serait même très bien.

Achevé d'imprimer en février 1997 par OBERTHUR Graphique
35000 Rennes - N° 659
Dépôt légal : janvier 1992 - N° d'éditeur 2789
Imprimé en France